BEI GRIN MACHT SICH IHR WISSEN BEZAHLT

AF135807

- Wir veröffentlichen Ihre Hausarbeit,
  Bachelor- und Masterarbeit

- Ihr eigenes eBook und Buch -
  weltweit in allen wichtigen Shops

- Verdienen Sie an jedem Verkauf

Jetzt bei www.GRIN.com hochladen und kostenlos publizieren

Bibliografische Information der Deutschen Nationalbibliothek:

Die Deutsche Bibliothek verzeichnet diese Publikation in der Deutschen National-
bibliografie; detaillierte bibliografische Daten sind im Internet über http://dnb.d-
nb.de/ abrufbar.

Impressum:

Copyright © 2018 GRIN Verlag
Druck und Bindung: Books on Demand GmbH, Norderstedt Germany
ISBN: 9783346001801

Dieses Buch bei GRIN:

https://www.grin.com/document/494505

Daniel Römelt

Besondere Herausforderungen bei der Konzeptionierung eines Risikomanagement-Tools für kleine und mittlere Unternehmen

GRIN Verlag

GRIN - Your knowledge has value

Der GRIN Verlag publiziert seit 1998 wissenschaftliche Arbeiten von Studenten, Hochschullehrern und anderen Akademikern als eBook und gedrucktes Buch. Die Verlagswebsite www.grin.com ist die ideale Plattform zur Veröffentlichung von Hausarbeiten, Abschlussarbeiten, wissenschaftlichen Aufsätzen, Dissertationen und Fachbüchern.

Besuchen Sie uns im Internet:

http://www.grin.com/

http://www.facebook.com/grincom

http://www.twitter.com/grin_com

BESONDERE HERAUSFORDERUNGEN BEI DER KONZEPTIONIERUNG EINES RISIKOMANAGEMENT-TOOLS FÜR KMU

Warum der kleine Handwerksbetrieb nicht das Tool von Volkswagen übernehmen kann

Grundseminar zur Wirtschaftsinformatik

Sommersemester 2018

Fachhochschule Südwestfalen,

Standort Meschede

von

Daniel Römelt

Inhaltsverzeichnis

1   Einleitung 1

    1.1   Problemstellung 1

    1.2   Zielsetzung und Aufbau der Arbeit 1

    1.3   Unternehmensportrait 1

2   Theoretische Grundlagen 2

    2.1   Begriffliche Definitionen 2

       2.1.1   Definition „Kleine und mittlere Unternehmen" (KMU) 2

       2.1.2   Definition Controlling 3

       2.1.3   Definition Risiko 3

       2.1.4   Definition Risikomanagement 4

       2.1.5   Definition Risikomanagement-Tool (RMT) 5

    2.2   Gesetzliche Regelungen 7

3   Probleme und Vorteile von KMU 8

    3.1   Probleme von KMU 8

    3.2   Vorteile von KMU 9

4   Zusammenfassung 10

    4.1   Kritische Reflexion der eigenen Ergebnisse und Fazit 10

    4.2   Ausblick 12

Literatur 13

Abkürzungsverzeichnis

Abs.	Absatz
AktG	Aktiengesetz
bzw.	beziehungsweise
etc.	et cetera
gem.	gemäß
ggf.	gegebenenfalls
GmbH	Gesellschaft mit beschränkter Haftung
i. d. R.	in der Regel
KMU	Kleine und mittlere Unternehmen
RMT	Risikomanagement-Tool
vgl.	vergleiche
z. B.	zum Beispiel

1 Einleitung

1.1 Problemstellung

Für kleine und mittlere Unternehmen ist das Thema Risikomanagement ebenso wichtig und notwendig wie für Großunternehmen. Allerdings befasst sich der Mittelstand im Gegensatz zu den Großunternehmen erst seit relativ kurzer Zeit intensiver mit dieser Thematik. Aufgrund der unterschiedlichen Dimensionen von großen und mittelständischen Unternehmen hinsichtlich der Unternehmens-, Personal- und Kapitalstruktur, können die kleinen und mittleren Unternehmen nicht einfach auf Risikomanagementtools von Großunternehmen zurückgreifen und diese eins-zu-eins übernehmen. Auch die unterschiedlichen Risiken und vor allem deren Relevanz (ein für Großunternehmen unbedeutendes Risiko könnte für den Mittelstand bereits existenzgefährdend sein) müssen bei der Konzeptionierung eines Risikomanagementtools beachtet werden.

1.2 Zielsetzung und Aufbau der Arbeit

Ziel dieser Arbeit ist, das zu ermitteln, welche Besonderheiten für kleine und mittlere Unternehmen bei der Konzeptionierung eines Risikomanagement-Tools zu beachten sind. Zu diesem Zweck werden in einem ersten Schritt in Kapitel 2 theoretische Grundlagen dargestellt, um ein Fundament für das weitere Verständnis der Arbeit zu bilden. Im 3. Kapitel, dem Hauptteil, wird auf die Besonderheiten und Unterschiede im Bereich der Risiken und Risikomanagement-Tools für kleine und mittlere Unternehmen sowie Großunternehmen eingegangen. Ebenfalls wird in diesem Kapitel auf die besonderen Herausforderungen für kleine und mittlere Unternehmen im Risikomanagement eingegangen. Zum Abschluss folgen im Kapitel 4 die Zusammenfassung und das Fazit aus den Ergebnissen sowie ein Ausblick auf folgende Arbeiten.

1.3 Unternehmensportrait

Diese Arbeit betrachtet das Risikomanagement im Kontext der kleinen und mittleren Unternehmen in sehr allgemeiner Art und Weise und wird nicht auf ein bestimmtes Unternehmen angewendet. An geeigneter Stelle werden allgemein gehaltene Praxisbeispiele gebracht um die theoretischen Inhalte zu veranschaulichen. Daher wird an dieser Stelle auf ein Unternehmensportrait verzichtet.

2 Theoretische Grundlagen

2.1 Begriffliche Definitionen

2.1.1 Definition „Kleine und mittlere Unternehmer" (KMU)

Um zu entscheiden, ob ein Unternehmen unter den Begriff der KMU fällt oder nicht, genügt es nicht, sich ausschließlich auf die Anzahl der Mitarbeiter eines Unternehmens zu fokussieren. In der Literatur wird zwischen quantitativen und qualitativen Definitionskriterien unterschieden, um den Begriff KMU definieren zu können.[1] Da es allerdings keine international einheitliche bzw. offizielle Definition für KMU gibt, wird für diese Arbeit die Definition der europäischen Kommission verwendet. Gemäß dieser Kommission werden Unternehmen zu KMU gezählt, die *„weniger als 250 Personen beschäftigen und die entweder einen Jahresumsatz von höchstens 50 Mio. EUR erzielen oder deren Jahresbilanzsumme sich auf höchstens 43 Mio. EUR beläuft"*[2].

Des Weiteren verwendet die Europäische Kommission zur Abgrenzung der KMU von Nicht-KMU neben der Größe des Unternehmens auch den Faktor Ressourcen. Dazu zählen das Eigentum, Partnerschaften und Verflechtungen eines Unternehmens.[3]

Auch wenn die Partnerschaften und Verflechtungen eines Unternehmens eine wichtige Rolle spielen um zu bestimmen, ob ein Unternehmen unter den Begriff KMU fällt oder nicht (die europäische Kommission hat dazu in ihrer Empfehlung 2003/361/EG verschieden Formeln zur Berechnung aufgestellt), würde diese sehr tief gehende Betrachtung den Rahmen dieser Arbeit sprengen. Zudem hätte es keine nennenswerte Auswirkung auf die Ergebnisse dieser Arbeit, da sie sich mit KMU im Allgemeinen befasst.

KMU lassen sich nach Mugler (2008) auch durch verschiedene Charakteristika von Großunternehmen abgrenzen. Da bei KMU die Rollen des Unternehmers, Eigentümers und Leiters häufig in einer Person vereint sind, ist das Unternehmen stark durch deren Persönlichkeit geprägt. Des Weiteren erstellen KMU oft Leistungen, die stark auf die individuellen Wünsche und Ansprüche der Kunden zugeschnitten sind. Typisch für KMU ist auch, dass die Kontakte zwischen der Unternehmensleitung und den Mitarbeitern des Unternehmens für gewöhnlich recht eng und auch informell sind. Diese Informalität zeigt sich vor allem auch in der Firmenorganisation mit Hierarchien, welche je nach Größe des Unternehmens eher flach ausfallen. Ein weiteres Merkmal für KMU ist das Netzwerk persönlicher Kontakte, über welches der Unternehmer zu seinen Kunden, Lieferanten

---

[1] Vgl. Henschel, Thomas [2010], S. 1
[2] Europäische Kommission [2003], Empfehlung 2003/361/EG, Anhang, Artikel 2
[3] Vgl. Europäische Kommission [2015], S. 4

anderen Unternehmen und anderen Bezugspersonen verfügt. Deses Merkmal steht in Zusammenhang mit dem für KMU typischen, eher kleinen Marktanteil.

Es ist allerdings eher selten, dass ein einzelnes KMU sämtliche Charakteristika aufweist und es kann auch durchaus Großunternehmen geben, die das ein oder andere Merkmal von KMU zeigen.[4]

2.1.2 Definition Controlling

Der Begriff „Controlling" ist in der Geschäftswelt weit verbreitet und viele Unternehmen haben das Controlling als festen Bestandteil in die Unternehmensstruktur integriert.

Allerdings gibt es noch keine einheitliche Definition für „Controlling", was sich unter anderem auf die kontinuierliche, begriffliche wie auch konzeptionelle Veränderung des Controllings zurückführen lässt.[5]

Eines der verschiedenen Controllingkonzepte sieht Controlling als einen Teilbereich der Unternehmensführung für eine erfolgszielorientierte Steuerung. Dabei ist die „Hauptaufgabe des Controllings [...] die Sicherstellung der Erfolgszielerreichung durch eine konsequente Zielausrichtung"[6]. Kurz formuliert soll das Controlling dem Unternehmen zum (wirtschaftlichen) Erfolg verhelfen. Das Controlling wird damit auch auf die Unternehmensplanung erweitert. Die Planung von Zielen bringt zwangsläufig eine Kontrolle dieser mit sich (z. B. Soll-Ist-Vergleich). Daher ist Kontrolle ebenfalls ein wesentlicher Bestandteil des Controllings.[7]

Es gibt noch weiterführende Controllingkonzepte, allerdings genügt es für diese Arbeit, das Controlling als ein Instrument der Unternehmensführung zur Planung und Kontrolle der Unternehmensziele zu betrachten und zu verstehen.

2.1.3 Definition Risiko

Der Begriff Risiko als Beschreibung für eine „zu vergegenwärtigende Gefahr"[8] wurde bereits durch das Handelswesen im 15. Jahrhundert geprägt. Diese recht bedrohlich klingende Definition wurde 1921 durch den US-amerikanischen Wissenschaftler Frank Knight als „measurable uncertainty"[9] neu definiert. Allerdings ist diese Definition, genau wie die ursprüngliche, doch recht ungenau und lässt einen wichtigen Aspekt außer Acht.

Die absehbare Unsicherheit ist zwar ein wesentliches Element eines Risikos, genügt aber nicht für dessen möglichst exakte Definition. Laut Holton (2004) muss der Betroffene dieser

---

[4] Vgl. Immerschitt und Stumpf [2014], S. 20
[5] Vgl. Faupel, Christian [2012], S. 9
[6] Faupel, Christian [2012], S. 9
[7] Vgl. Faupel, Christian [2012], S. 10
[8] Jonen [2006], S. 6, zitiert nach Wiggert [2009], S. 67
[9] Knight [1921], S. 233, zitiert nach Holton [2004], Financial Analysts Journal, Vol. 60, Nr. 6, S. 20

Unsicherheit auch ausgesetzt sein um tatsächlich von einem Risiko sprechen zu können.
„*Risk then is exposure to a proposition of which one is uncertain*"[10].

Für diese Arbeit wird ein Risiko für Unternehmen demnach wie folgt definiert:

> „Ein Risiko beschreibt eine erwartete oder auch unerwartete Unsicherheit, welcher ein
> Unternehmen im Rahmen der eigenen betrieblichen Tätigkeit ausgesetzt ist."

Die Vielzahl von Risiken, denen ein Unternehmen ausgesetzt sein kann, lassen sich nach
sogenannten Risikoarten unterscheiden. Es gibt unterschiedliche Arten/Kategorien von
Risiken die je nach Branche oder auch Ansicht des Unternehmens/Autors variieren. Häufig
aber werden Risiken in folgende Arten unterteilt:[11]

- Strategische Risiken: Bedrohungen des Unternehmens durch Konkurrenz
- Operative Risiken: Betriebsunterbrechungen durch technische Probleme, höhere Gewalt,
  Sabotage, Einbruch oder Diebstahl
- Marktrisiken: Nachfrage-/Preisschwankungen, Kunden-/ Lieferantenbeziehungen
- Politische Risiken: Produktverbote, Wegfall von Subventionen
- Finanzrisiken: Forderungsausfälle, Illiquidität, Rückzug von Investoren.
- Rechtliche Risiken: z. B. Haftungsrisiken
- IT-Risiken: Datenverluste, Hackerangriffe

2.1.4 Definition Risikomanagement

Die Aufnahme einer unternehmerischen Tätigkeit bringt auch grundsätzlich die Übernahme
gewisser Risiken mit sich. Gemäß Henschel (2010) ist dies „*ein wesensbestimmendes
Merkmal jedweder unternehmerischer Tätigkeit*"[12].

Der systematische Umgang mit diesen Risiken wird a s Risikomanagement bezeichnet. Nach
Gleißner und Romeike (2005) sind

- Identifikation,
- Bewertung,
- Aggregation,
- Überwachung und
- Bewältigung von Ris ken

wesentliche Bestandteile des Risikomanagements.

---

[10] Holton [2004], S. 22
[11] Vgl. o.V. [2017], „Risikomanagement als Erfolgsfaktor"
[12] Henschel, Thomas [2010], S. 10

4

Bei der Identifikation geht es zunächst darum, Risiken zu erkennen, sie einem bestimmten Risikofeld (zum Beispiel Marktrisiken) zuzuordnen und festzustellen, welche Auswirkung(en) das jeweilige Risiko bei Eintritt hätte. So würde sich beispielsweise das Risiko steigender Personalkosten auf die Fixkosten eines Unternehmens auswirken

Das Ziel der Bewertung von Risiken ist es festzustellen, welche Risiken oder Risikofelder aufgrund ihrer potenziellen Auswirkungen weiter betrachtet werden müssen und welche nicht.

Auf Grundlage der Identifikation und Bewertung von Risiken für ein Unternehmen kann schließlich die Aggregation, also die Zusammenfassung dieser Risiken zu einem Gesamtüberblick (Gesamtrisikoposition) durchgeführt werden. Ein weiteres Ziel der Aggregation ist es zu ermitteln, welche Wechselwirkungen zwischen den einzelnen Risiken bestehen und welche relative Bedeutung jedes einzelne Risiko dadurch hat. So können einzelne Risiken, die für sich betrachtet nicht sonderlich relevant sind, durch Kumulation über eine gewisse Zeit zu einem erheblichen Risiko für das Unternehmen werden.[13]

Die Überwachung von Risiken geschieht i. d. R. durch das Controlling. Vorab festgelegte Ziele und die Rahmenbedingungen zur Zielerreichung werden durch geeignete Instrumente (Kennzahlen, SOLL-IST-Vergleich, Meilensteintrendanalyse etc.) kontrolliert und die Zielerreichung *„ex post quantifiziert"*.[14]

Gleißner und Romeike (2005) beschreiben zur Bewältigung von Risiken die vier grundlegenden Strategien

- Risikovermeidung,
- Risikoreduzierung,
- das Überwälzen von Risiken (z. B. auf Versicherungen) und
- das Risiko selbst zu tragen.

Jedes Unternehmen muss im Rahmen seiner finanziellen Möglichkeiten und erwartetem Erfolg eines Vorhabens Maßnahmen für die jeweiligen Strategien definieren.

2.1.5 Definition Risikomanagement-Tool (RMT)

Als Risikomanagement-Tools werden Methoden und Werkzeuge bezeichnet, mit denen der für das Risikomanagement zuständige Mitarbeiter bzw. die verantwortliche Abteilung im Unternehmen Risiken strukturiert und zielgerichtet identifizieren, analysieren und bewerten

---

[13] Vgl. IDW Prüfungsstandard 340
[14] Vgl. Portisch, Wolfgang [2010]

kann. Welche Methoden und Werkzeuge in einem Unternehmen zum Einsatz kommen, hängt massiv von der jeweiligen Fragestellung und der betroffenen Risikoart ab.[15]

RMTs können dabei in Kollektionsmethoden und Suchmethoden unterteilt werden. Kollektionsmethoden eignen sich vor allem für offensichtliche bzw. bekannte Risiken. Zu den Kollektionsmethoden zählen unter anderem die Checkliste, SWOT-Analyse, und das Interview.[16]

Die Suchmethoden hingegen eignen sich für bislang unbekannte Risiken und gliedern sich in analytische Methoden und Kreativitätsmethoden. Zu den analytischen Methoden gehören zum Beispiel die Fehlermöglichkeits- und Einflussanalyse (FMEA), das Ishikawa-Diagramm und die Social Network Analysis. Das Brainstorming, Mind-Mapping und die Delphi-Methode hingegen sind Vertreter der Kreativitätsmethoden.[17]

Nach Romeike (2017) gibt es insgesamt neunundzwanzig verschiedene Methoden/Werkzeuge, die je nach Risikoart besser oder schlechter geeignet sind, um Risiken zu identifizieren, analysieren und zu bewerten. So ist z. B. die Empirische Datenanalyse exzellent geeignet in Bezug auf Finanzrisiken, jedoch nicht geeignet für strategische Risiken. Im Gegensatz dazu ist die Methode des Brainwriting nicht für Finanzrisiken geeignet, dafür aber exzellent im Bereich der strategischen Risiken. Will man das Einsatzpotential der verschiedenen Methoden bewerten, eignen sich die Eigenschaften

- Einsatzzweck,
- für den Einsatz geeignete Phase des Risikomanagements,
- Input/Datenbedarf,
- Output,
- Zeitlicher Aufwand,
- Personeller Aufwand bzw. benötigte Qualifikation,
- Reifegrad des zu bearbeitenden Risikomanagements,
- Stärken/Grenzen der Methode und
- Gesamtbewertung (Praxiseignung)

für eine möglichst objektive Darstellung.[18]

Alle Methoden zusammengefasst ergeben letztendlich eine Art „Werkzeugkoffer". Diesen Werkzeugkoffer muss ein Risikomanager kennen, beherrschen und anwenden können. Nur

---

[15] Vgl. Romeike, Frank [2017], S. 55
[16] Vgl. Romeike, Frank [2017], S. 56
[17] Vgl. Romeike, Frank [2017], S. 56 und 58
[18] Vgl. Romeike, Frank [2017], S. 58 und 59

dann wird er in der Lage sein, das Risikomanagement im Unternehmen effizient und gewinnbringend voranzutreiben.[19]

2.2 Gesetzliche Regelungen

Aufgrund der steigenden Anzahl von Unternehmenskrisen wurden verschiedene gesetzliche und regulative Vorgaben aufgestellt bzw. bestehende Regelungen verschärft, welche das Risikomanagement als wesentlichen Bestandteil von Unternehmen fördern sollen.

Zu den wichtigsten Regularien gehören das Kontroll- und Transparenzgesetz im Unternehmensbereich (KonTraG), das Bilanzrechtsreformgesetz (BilReG), der Prüfungsstandard 340 des Instituts der Wirtschaftsprüfer (IDW PS 340), der Sarbanes-Oxley-Act (SOX) und ergänzende/neue Regelungen zur Risikoberichterstattung im Handelsgesetzbuch (HGB).

Das KonTraG verpflichtet den Vorstand einer Aktiengesellschaft gem. § 91 Abs. 2 AktG dazu, *„geeignete Maßnahmen zu treffen [...] damit den Fortbestand der Gesellschaft gefährdende Entwicklungen früh erkannt werden"*[20]. Die damit beschriebene Pflicht zur Etablierung von Systemen zur Risikofrüherkennung und –überwachung umfasst keine Maßnahmen zur Risikohandhabung, welche sich allerdings aus der Sorgfaltspflicht eines Vorstandes gem. § 93 Abs. 1 ergeben. Nach Romeike und Finke (2003) hat dieses Gesetz auch Auswirkung auf die Sorgfaltspflicht des Vorstandes bzw. Geschäftsführer einer GmbH.[21]

Im Gegensatz zum KonTraG, welches zunächst nur Aktiengesellschaften betrifft, gelten die neuen Regelungen im HGB für alle Kapitalgesellschaften. Dieser Reglung zufolge sind Kapitalgesellschaften dazu verpflichtet, ihre Lageberichte um eine Risikoberichterstattung zu erweitern. Ziel ist es dabei, auch auf Risiken zukünftiger Entwicklungen/Vorhaben einzugehen.

Das BilReG erweitert die neuen Regelungen im HGB noch, sodass Kapitalgesellschaften in ihren Lageberichten auch auf Chancen zukünftiger Entwicklungen eingehen müssen. Im Grunde müssen diese Gesellschaften seither in ihren Berichten auf alle erdenklichen Planabweichungen eingehen.[22]

Der IDW PS 340 konkretisiert die Verpflichtungen des Vorstandes nach § 91 Abs. 2 AktG und die Anforderungen an ein Risikomanagement. Im Kern geht es im Prüfungsstandard 340 darum zu erkennen *„ob und welche Risiken einzeln oder kumuliert oder in Wechselwirkung*

---

[19] Vgl. Romeike, Frank [2017], S. 55
[20] Sartor, Franz J. und Bourauel, Corinna [2013], S. 15
[21] Vgl. Sartor, Franz J. und Bourauel, Corinna [2013], S. 15
[22] Vgl. Sartor, Franz J. und Bourauel, Corinna [2013], S. 16

mit anderen bestandsgefährdend sein können"[23]. Dazu beinhaltet der Prüfungsstandard 340 Festlegungen/Bestimmungen zu

- Risikofeldern,
- Risikoerkennung/-analyse,
- Risikokommunikation,
- Überwachungssystemen (und deren Einrichtung) sowie
- Dokumentation/Prüfung der Maßnahmen.

Der SOX – ein US-amerikanisches Bundesgesetz – gilt für alle Unternehmen (inkl. Tochtergesellschaften) deren Wertpapiere in den USA gehandelt werden. Dieses Gesetz schreibt die Einrichtung eines Unternehmensinternen Kontrollsystems *„zur Sicherstellung einer zutreffenden Finanzberichterstattung"*[24] vor. Des Weiteren werden im SOX die Unabhängigkeit von Wirtschaftsprüfern und die finanziellen Offenlegungspflichten der betroffenen Unternehmen geregelt. Durch diese Vorgaben und Regelungen soll das Vertrauen der Anleger in die gehandelten Wertpapiere gestärkt werden. Der SOX bedeutet somit auch für deutsche Unternehmen, die Ihre Wertpapiere in den USA handeln wollen, enormen, zusätzlichen Aufwand für das Kontroll- und Berichtswesen.[25]

3 Probleme und Chancen von KMU

3.1 Probleme von KMU

Aus den Charakteristiken von KMU ergeben sich auch gewisse Probleme, mit denen Großunternehmen wenig bis gar nicht zu kämpfen haben. So ist ein wesentliches Problem das Merkmal des eher kleinen Marktanteils von KMU. Dieser Marktanteil beschränkt sich häufig auf den Binnenmarkt. Als gutes Beispiel dienen dafür Unternehmen aus der Bauwirtschaft, die überwiegend oder ausschließlich Aufträge innerhalb Deutschlands wahrnehmen. Stagniert die Binnennachfrage oder ist diese gar Rückläufig, so wirkt sich das direkt auf diese Unternehmen aus, was bis zur Insolvenz führen kann. Ein Großunternehmen hingegen, welches im Exporthandel oder auf unterschiedlichen Märkten innerhalb Deutschlands agiert, Probleme im Binnenmarkt bzw. einzelnen Teilmärkten deutlich besser verkraften.[26]

Ein weiteres Problem, welches mit dem geringen Marktanteil zusammenhängt, ist die Auswirkung von steigenden Rohstoffpreisen. Steigende Rohstoffpreise haben für gewöhnlich zwei Effekte:

---

[23] Sartor, Franz J. und Bourauel, Corinna [2013], S. 19
[24] Sartor, Franz J. und Bourauel, Corinna [2013], S. 21
[25] Vgl. Sartor, Franz J. und Bourauel, Corinna [2013], S. 21
[26] Vgl. Deutsche Bundesbank [2003], Monatsbericht Oktober, S. 30

Zum einen steigen die Energiepreise (zum Beispiel aufgrund steigender Ölpreise) was zur Erhöhung der Kosten für Unternehmen führt. Diese Kostensteigerung können die Unternehmen entweder durch höhere Preise kompensieren, oder aber sie akzeptieren sinkende Gewinne, was für Unternehmen die ohnehin bereits in einem harten Preiskampf mit der Konkurrenz stehen, zu einem Problem werden kann.

Ein weiterer Effekt ist die sinkende Kaufkraft der Verbraucher. Steigen die Preise für Benzin und Diesel infolge steigender Ölpreise, so werden die Verbraucher diese Preissteigerung anderweitig ausgleichen, was dann in den meisten Fällen die Unternehmen in Form sinkender Absatzzahlen treffen wird.[27]

Der Unternehmer/Geschäftsführer eines KMU kann selbst zu einem Problem für das eigene Unternehmen werden. Insbesondere bei kleinen Unternehmen, die häufig nur einen einzigen Geschäftsführer haben, besteht die Gefahr, dass dieser unerwartet (beispielsweise durch Krankheit oder gar durch Tod) ausfällt. Oftmals besteht in den betroffenen Unternehmen keine Vertretungs- bzw. Nachfolgeregelung, sodass der Ausfall des Geschäftsführers katastrophale Konsequenzen für das gesamte Unternehmen haben kann.

Ebenfalls kann die Persönlichkeit eines Unternehmers und/oder Geschäftsführers einen großen Einfluss auf das Risikomanagement eines KMU haben. Neben der Ausbildung, die ein Eigentümer/Unternehmer eines KMU genossen hat, spielt es auch eine wichtige Rolle, wie groß das Interesse dieser Person an Fragestellungen zu betriebswirtschaftlichen Themen ist. Vereinen sich die Rollen von Eigentümer und Unternehmer in einer einzigen Person, geht der Trend eher in eine für das Risikomanagement kontraproduktive Richtung. Tendenziell neigen dieser Personen eher dazu, weniger Ressourcen (Finanzmittel, Personal, Zeit, etc.) in das Risikomanagement zu investieren.[28]

3.2 Chancen von KMU

Neben den Problemen mit denen KMU zu kämpfen haben, ergeben sich aus ihren Charakteristika auch Vorteile, Stärken und Chancen.

Ein besonderer Vorteil der KMU ergibt sich aus der häufig recht flachen Hierarchie. Laut Sattes et al. (1998) verfügen Unternehmen erst ab einer Größe von 100 Mitarbeiter über drei oder mehr Hierarchieebenen. Der besondere Vorteil einer flachen Hierarchie liegt darin begründet, dass die Informationswege anders als in Großunternehmen mit vielen, zum Teil auch über die Grenzen eines einzelnen Unternehmens hinausgehenden Hierarchieebenen (z. B. bei großen Konzernen), sehr kurz sind. Durch diese schnelle und direkte Kommunikation können Probleme in kürzester Zeit erkannt und zeitnah Entscheidungen getroffen werden.

---

[27] Vgl. Deutsche Bundesbank [2003], Monatsbericht Oktober, S. 35
[28] Vgl. Henschel, Thomas [2010], S. 234

In engem Zusammenhang mit der flachen Hierarchie eines KMU steht die Eigenschaft der geringen Formalität. Dieser „Mangel" an Formalität hat den durchaus positiven Effekt, dass KMU in der Lage sind, wesentlich schneller und flexibler auf Veränderungen im Unternehmen oder in dessen Umfeld zu reagieren. Anders als bei Großunternehmen finden sich hier keine langwierigen Prozesse zur Entscheidungsvorbereitung und –findung.

Eine weitere Stärke der KMU ergibt sich aus einem positiven Effekt der Kombination einer flachen Hierarchie mit engem und direkten Kontakt zwischen Unternehmensführung und Mitarbeitern. In KMU zeigt sich oft eine höhere *„Arbeitszufriedenheit der Mitarbeiter"*[29] als in Großunternehmen. Diese Zufriedenheit resultiert auch aus der häufig persönlichen Bindung zwischen dem Vorgesetzten und seinen Untergebenen. Auch der Umstand, dass Mitarbeiter von KMU stärker in die Entscheidungsfindung des Unternehmens eingebunden werden fördert die Arbeitszufriedenheit zusätzlich.[30]

4 Zusammenfassung

4.1 Kritische Reflexion der eigenen Ergebnisse und Fazit

Jedes Unternehmen, vom eingetragenen Kaufmann bis hin zum weltweit agierenden Großkonzern, sieht sich einer enormen Anzahl von Risiken ausgesetzt. Risiken sind quasi allgegenwärtig. Damit ein Unternehmen bestehen und seine definierten Ziele erreichen kann, ist es für den Eigentümer, Unternehmer und/oder Leiter zwingend erforderlich, sich mit dem Thema Riskomanagement intensiv auseinanderzusetzen und dieses als wesentliches Element der Unternehmensplanung zu implementieren.

Große Unternehmen befinden sich beim Thema Risikomanagement ohne Frage im Vorteil gegenüber den KMU. Will ein Großunternehmen sein Risikomanagement z. B. aufgrund der Erschließung neuer Märkte, der Erweiterung/Veränderung seines Produktportfolios oder wegen einer langfristigen Veränderung der Marktsituation erweitern oder anpassen, kann es dazu oft auf Tools und Systeme zurückgreifen, die sich in der jeweiligen Branche bewährt haben. Dieser Vorteil resultiert vor allem daraus, dass das Risikomanagement in großen Unternehmen schon wesentlich länger als bei KMU ein zentraler Bestandteil der Unternehmensplanung ist. Bei vielen Unternehmen haben sich aufgrund langjähriger Erfahrung und selbst erworbenem oder eingekauftem Know-how Tools entwickelt und bewährt, die von Unternehmen der gleichen Branche mit vergleichsweise wenig Anpassungen übernommen werden können. So wird sich beispielsweise der Automobilhersteller BMW vergleichbaren Risiken ausgesetzt sehen wie Volkswagen (zugegeben, dank „Dieselgate" hinkt dieser Vergleich ein wenig).

---

[29] Immerschitt und Stumpf [2014], S. 23
[30] Vgl. Immerschitt und Stumpf [2014], S. 23

Auch im Dienstleistungssektor haben Unternehmen, welche sich auf die Konzeptionierung und Implementierung von Risikomanagementsystemen spezialisiert haben, ein großes Wissen und einen reichen Erfahrungsschatz im Umgang mit Risikomanagement aufgebaut. Kleine und mittlere Unternehmen sehen sich hier häufig auf ganzer Linie im Nachteil. Zum einen fehlt ihnen meist das Know-how und die nötige Erfahrung im Umgang mit Risiken. Zum anderen können sie nicht einfach auf Tools oder Systeme der Großunternehmen zurückgreifen, da trotz identischer Risikoarten die einzelnen Risiken und vor allem die Eintrittswahrscheinlichkeiten und Auswirkungen für das Unternehmen ganz andere sein können. Verliert Volkswagen z. B. 20% seiner Kunden, wird es i. d. R. Untersuchungen zu den Ursachen mit anschließender Anpassung von Prozessen, Strukturen und/oder Unternehmenszielen geben. Verliert ein kleiner Malerbetrieb mit einer Handvoll Mitarbeiter, der gerade so über die Runden kommt 20% seiner Kunden, kann das schnell zu einem Fall für den Insolvenzverwalter werden. Außerdem ist das Risikomanagement im Mittelstand noch nicht verbreitet genug, als dass KMU leicht auf bewährte Tools und Systeme branchengleicher Unternehmen zurückgreifen könnten.

Ebenfalls können der Mangel an Formalität und ggf. die Persönlichkeit des Unternehmers ein Problem bei der Implementierung eines Risikomanagementsystems sein. Es ist durchaus möglich, dass der Unternehmer ein Gegner streng formaler Prozesse ist, oder aber kein echtes Verständnis für die Sinnhaftigkeit der Investition von Ressourcen wie Finanzmittel, Personal und Zeit in die Entwicklung eines Risikomanagementsystems aufbringt.

Allerdings sind große wie auch kleine und mittlere Unternehmen je nach Rechtsform durch gesetzliche Regelungen und Standards oft dazu verpflichtet, sich intensiv mit Risiken auseinanderzusetzen und ein System zur Identifikation, Bewertung und den Umgang mit Risiken in ihre Unternehmenskultur und -planung zu implementieren.

Bei der Betrachtung der Unterschiede zwischen KMU und Großunternehmen sowie deren charakteristischen Eigenschaften vor dem Hintergrund der Definitionen von Risiko, Risikomanagement und RMTs lässt sich feststellen, dass es bei der Frage nach den besonderen Herausforderungen bei der Konzeptionierung eines Risikomanagement-Tools für KMU nicht darum geht, ob ein bestimmtes Tool für diese Unternehmensgröße geeignet ist oder nicht. Vielmehr geht es um die Frage, wie die Rahmenbedingungen im Unternehmen aussehen. Es muss geklärt werden, welchen Risiken das betreffende Unternehmen ausgesetzt ist und welche Auswirkungen diese zur Folge haben können. Auch die Beantwortung der Frage, wie sich in einem kleinen Unternehmen mit wenig Personal, wenig freien Kapazitäten oder mangelndem Verständnis für formale Prozesse und Risikomanagement ein RMT gestalten lässt, das dann auch zielführend eingesetzt werden kann, stellt ebenfalls eine besondere Herausforderung dar. Das Controlling als wesentliches

Element der Unternehmensplanung und damit des Risikomanagements stellt ebenfalls eine KMU-spezifische Herausforderung dar, da auch hier oft große Unterschiede zu Großunternehmen hinsichtlich Formalisierungsgrad und Erfahrung/Qualifizierung des eingesetzten Personals bestehen.

4.2 Ausblick

Gewiss kann diese Arbeit die Frage nach den besonderen Herausforderungen bei der Konzeptionierung eines Risikomanagement-Tools für KMU nicht abschließend beantworten. Jedoch gibt sie durchaus einen Ansatzpunkt für weitere Arbeiten und Studien im Bereich des Risikomanagements in kleinen und Mittleren Unternehmen. Ein möglicher nächster Schritt könnte eine Studie sein, bei der die Prozesse zur Konzeptionierung von Risikomanagement-Tools von Großunternehmen und KMU im Detail analysiert und miteinander verglichen werden.

Unabhängig davon werden sich die besonderen Herausforderungen im Mittelstand mit der Zeit von selbst relativieren, da sich das Risikomanagement dank einem stetig zunehmenden Verständnis seitens der Unternehmen in den KMU immer mehr etabliert. Dadurch werden, wie bereits bei den großen Unternehmen, branchenspezifische Tools und Systeme entwickelt werden und sich bewähren, auf die dann bei Bedarf mit Anpassungen zurückgegriffen werden kann.

Literatur

Deutsche Bundesbank [2003], *Monatsbericht – Oktober 2003*, 55. Jahrgang, Nr. 10

Europäische Kommission [2003], Empfehlung 2003/361/EG

Europäische Kommission [2015], *Benutzerleitfaden zur Definition von KMU*

Faupel, Christian [2012], *Strategisches Controlling*, Studienbuch der Fachhochschule Südwestfalen

Henschel, Thomas [2010], *Erfolgreiches Risikomanagement im Mittelstand – Strategien zur Unternehmenssicherung*

Holton, Glyn A. [2004], *Defining Risk*, Financial Analysts Journal, Vol. 60, Nr. 6, S. 19 – 25

IDW – Institut der Wirtschaftsprüfer in Deutschland e.V. [1999], IDW PS 340 – *Die Prüfung eines Risikofrüherkennungssystems nach § 317 Abs. 4 HGB*

Immerschitt, Wolfgang und Stumpf, Marcus [2014], *Employer Branding für KMU – Der Mittelstand als attraktiver Arbeitgeber*

o.V. [2017], *Risikomanagement als Erfolgsfaktor*, https://www.xn--mittelstand-sdwestfalen-opc.info/recht-und-steuern/wirtschaftspruefung/detail/artikel/8906-risikomanagement-als-erfolgsfaktor/, Abruf am 03.09.2018

Portisch, Wolfgang [2010], *Risiken frühzeitig erkennen, steuern und überwachen*, https://www.risknet.de/themen/risknews/risiken-fruehzeitig-erkennen-steuern-und-ueberwachen/cac71d62c024b94f1074ae55f1499a42/, Abruf am 06.09.2018

Romeike, Frank [2017], *Risikomanagement*

Sartor, Franz J. und Bourauel, Corinna [2013], *Risikomanagement kompakt – In 7 Schritten zum aggregierten Nettorisiko des Unternehmens*

Wiggert, Marcel [2009], *Risikomanagement von Betreiber- und Konzessionsmodellen*

BEI GRIN MACHT SICH IHR WISSEN BEZAHLT

- Wir veröffentlichen Ihre Hausarbeit,
  Bachelor- und Masterarbeit

- Ihr eigenes eBook und Buch -
  weltweit in allen wichtigen Shops

- Verdienen Sie an jedem Verkauf

Jetzt bei www.GRIN.com hochladen und kostenlos publizieren